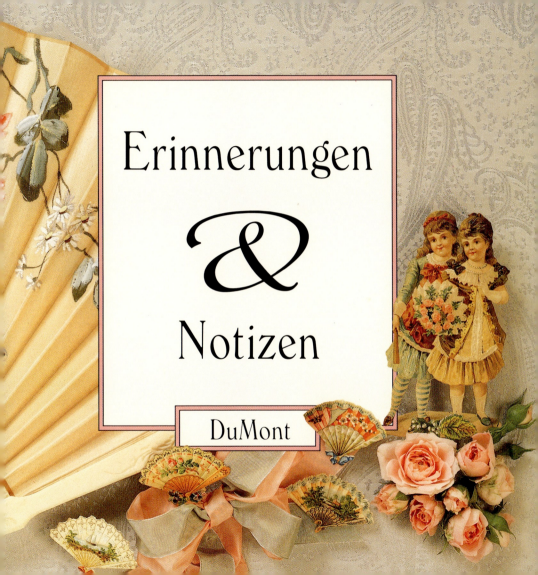

Erinnerungen & Notizen

DuMont

Für Margaret, Emily, Josh und Steven Tex.–C.H.

Für Jeanne, Gene, Beverly, Karl und Dianne.–J.G.

Für ihre großzügigen Leihgaben von viktorianischen Knöpfen, Schmuckstücken,
Spielsachen und anderen antiken Objekten für unsere Fotos möchten wir folgenden
Personen danken: Ilene Chazanof von Decorative Arts (New York City),
Dorene Burger (Treasures from the Past, Antiques by Doren, New York City),
Nancy Marshall Antique Collection (New York City), Susan Hoy (Susan's Storeroom,
San Anselmo, Kalifornien), Karin Hassel (Fantine, Cornwall Bridge, Connecticut),
Terry Rodgers Vintage Jewelry (New York City), Tail of the Yak (Berkeley, Kalifornien),
Ena und George Glasson (North Eastham, Massachusetts), The Cat Lady Antiques
(Port Washington, New York), Rochelle Mendle (Berkeley, Kalifornien).
Pat Upton danken wir für ihre wertvolle Mitarbeit.
Für sein Gutachten und seinen unerschöpflichen Humor sei Steven Tex gedankt.
Dank gilt auch Nebil Ozgen, Starr Ockenga, Nancy Lindemeyer, Irene McGill,
Sharyn Prentiss, Harumi Ando, Paulette Knight, Petra Koencke, der Emphemara Society
of America, (Schoharie New York), und ihrem Präsidenten, William F. Mobley, den vielen
Glanzbild-Händlern, allen Mitarbeitern der Gifted Line und dem Verlag Workman
Publishing für seine engagierte und wohlwollende Hilfe.

Die Illustrationen für dieses Notizbuch wurden von Cynthia Hart
entworfen und von Steven Tex bzw. Nebil Ozgen fotografisch festgehalten.
Alle Papier-Glanzbilder cl820–1920 der John Grossman Collection of Antique Images.

Erstveröffentlichung in den USA unter dem Titel »VICTORIANA DIARY«
© 1991 Cynthia Hart und John Grossman Inc., The Gifted Line

Veröffentlichung in Zusammenarbeit mit Workman Publishing Company Inc.,
708 Broadway, New York, NY 1003

Jegliche Verwertung des Buches, einschließlich fotomechanischer Vervielfältigung,
ohne schriftliche Genehmigung des Verlages ist unzulässig.

© 1993 der deutschen Ausgabe: DuMont Buchverlag, Köln

Printed in Japan
ISBN 3-7701-3134-7

An die glücklichen Ideale und romantischen Gefühle der viktorianischen Ära wird im vorliegenden Büchlein von Woche zu Woche mit zauberhaften Glanzbildern und liebenswerten Andenken erinnert.

Das Vergangene lebt wieder auf für alle, die es benutzen, um tagtäglich ihre Notizen darin zu vermerken: durch die Grußkarten, die Poesiebildchen und Papierpüppchen, die dieses Buch so reichlich schmücken. Möge es Ihnen ein schöner Begleiter durch das Jahr werden!

Cynthia Hart

John Grossman

DEZEMBER
JANUAR

28

29

30

31

1

2

3

JANUAR

4

5

6

7

8

9

10

JANUAR

11

12

13

14

15

16

17

JANUAR

25

26

27

28

29

30

31

FEBRUAR

1

2

3

4

5

6

7

FEBRUAR

8

9

10

FEBRUAR

15

16

17

18

19

20

21

FEBRUAR

22

23

24

25

26

27

28 /29

MÄRZ

1

2

3

4

5

6

7

MÄRZ

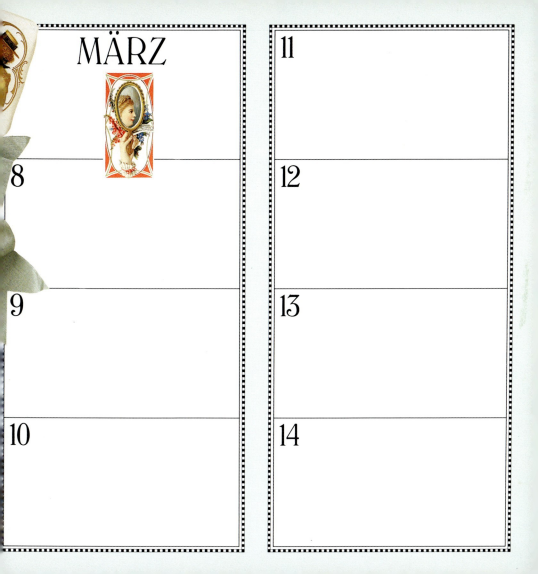

8

9

10

11

12

13

14

MÄRZ

15

16

17

18

19

20

21

MÄRZ

22

23

24

25

26

27

28

MÄRZ
APRIL

29

30

31

1

2

3

4

APRIL

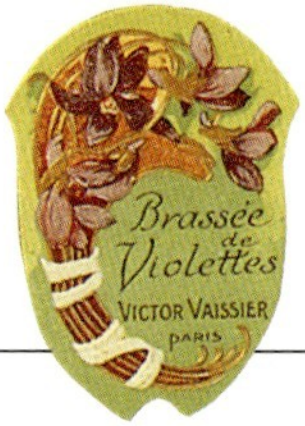

Brassée de Violettes
VICTOR VAISSIER
PARIS

5

6

7

8

9

10

11

WISHING YOU VERY MUCH HAPPINESS

BRIGHT BE THY VOYAGE
O'ER LIFE'S SEA,
AND LULL'D BE ALL
UNFRIENDLY GALES
MAY WISDOM EVER GUIDE
THY COURSE
HONOURS PURE BREEZE
INSPIRE THY SAILS.

AND SHOULD THE
THREATENING STORM ARISE
AND DARKNESS
OVERCAST THE SKY
MAY HOPE'S CLEAR STAR
BEFORE THEE BURN
AND CHEER THEE
TILL THE DAY
IS NIGH

APRIL

12

13

14

15

16

17

18

APRIL

19

20

21

22

23

24

25

APRIL
MAI

26

27

28

29

30

1

2

MAI

3

4

5

6

7

8

9

MAI

10

11

12

13

14

15

16

MAI

17

18

19

20

21

22

23

MAI

24	27
25	28
26	29
	30

MAI
JUNI

31

1

2

3

4

5

6

JUNI

7

8

9

10

11

12

13

JUNI

14

15

16

17

18

19

20

JUNI

21

22

23

24

25

26

27

JUNI
JULI

28

29

30

1

2

3

4

JULI

5

6

7

8

9

10

11

JULI

12

13

14

15

16

17

18

JULI

19

20

21

JULI
AUGUST

26

27

28

29

30

31

1

AUGUST

2

3

4

5

6

7

8

AUGUST

9

10

11

AUGUST

16

17

18

19

20

21

22

26

27

28

29

AUGUST
SEPTEMBER

30

31

1

2

3

4

5

SEPTEMBER

6

7

8

9

10

11

12

SEPTEMBER

13

14

15

16

17

18

19

23

24

25

26

SEPTEMBER
OKTOBER

27

28

29

30

1

2

3

OKTOBER

4

5

6

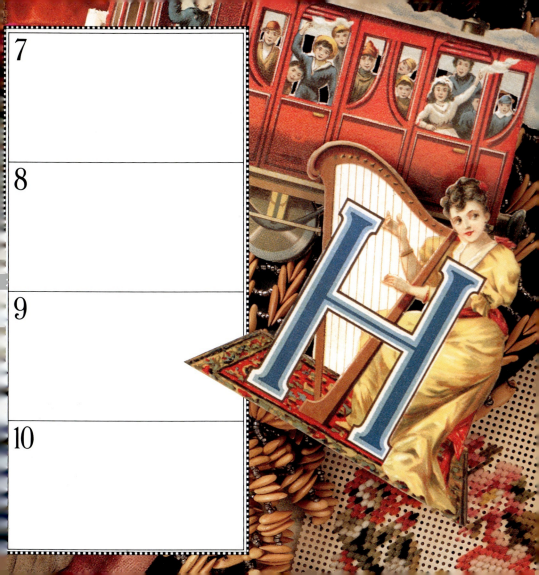

7

8

9

10

OKTOBER

11

12

13

14

15

16

17

OKTOBER

25

26

27

28

29

30

31

NOVEMBER

8

9

10

11

12

13

14

NOVEMBER

15

16

17

18

19

20

21

NOVEMBER

22

23

24

25

26

27

28

NOVEMBER
DEZEMBER

29

30

1

2

3

4

5

DEZEMBER

6

7

8

9

10

11

12

DEZEMBER

13

14

15

16

17

18

19

DEZEMBER

20

21

22

23

24

25

26

DEZEMBER
JANUAR

27

28

29

| 30 |
| 31 |
| 1 |
| 2 |

Erinnerungen & Notizen

Erinnerungen & Notizen

Erinnerungen & Notizen

Erinnerungen & Notizen

Erinnerungen & Notizen

Erinnerungen & Notizen

Erinnerungen & Notizen

Erinnerungen & Notizen